SABINE HIRLER

Musik erleben in der Kita

HERDER

FREIBURG · BASEL · WIEN

Völlig überarbeitete Neuausgabe von Wahrnehmungsförderung durch Rhythmik und Musik 2022 (15. Gesamtauflage)

www.herder.de

Umschlaggestaltung: Stefan Weigand
Illustrationen auf dem Cover: © KanKhem – GettyImages
Illustrationen im Innenteil: © Bubert – iStock – GettyImages
Fotos im Innenteil: © Sabine Hirler; S. 13 © nilimage – GettyImages; S. 20 © SerrNovik – GettyImages

Satz und Gestaltung: Sabine Ufer

Herstellung: Graspo CZ, Zlín
Printed in the Czech Republic

ISBN Print 978-3-451-38895-8
ISBN E-Book (PDF) 978-3-451-82735-8
ISBN E-Book (EPUB) 978-3-451-82736-5

Inhalt

Kapitel 3: Trommeln, klopfen, rasseln und klatschen – Spiele mit Instrumenten 42

Kapitel 4: Berühren, bewegen, fühlen und hören – Musik erleben mit allen Sinnen 68

Einleitung

Musik ist aus unserem Leben nicht wegzudenken. Physikalisch betrachtet ist Musik nichts anderes als eine Woge von Schallwellen, die im Innenohr durch Hammer, Amboss, Schnecke sowie feine Härchen als elektrische Impulse an das Gehirn weitergeleitet werden. Faszinierend ist allerdings, wie diese Wellen verarbeitet werden: Wir „hören" sie – und gleichzeitig entstehen Gefühle sowie der Impuls, sich spontan mitzubewegen, vielleicht selbst Töne hervorzubringen. Da passiert einiges in Hirn und Körper. Wahrnehmen, fühlen, bewegen und selbst gestalten sind im musikalischen Erleben eng miteinander verbunden: das macht es so freudvoll und lehrreich.

Kita-Kinder bringen ein natürliches Interesse an der Musik und am Musikmachen mit. Sie lieben es zu singen, zu tanzen, sich rhythmisch zu bewegen, mit einfachen Instrumenten zu experimentieren, ihren Körper beim Klatschen

und Stampfen zu spüren ... Diese ganz einfachen musikalischen Erfahrungen fördern die Kinder in allen Wahrnehmungsbereichen und unterstützen ihre kognitive, motorische, sprachliche, kreative und sozial-emotionale Entwicklung.

Ich möchte Sie daher einladen, gemeinsam mit den Kindern in der Kita Musik zu erleben:

- in Liedern und Reimen (Kapitel 1),
- mit rhythmischen Bewegungsspielen (Kapitel 2),
- einfachen Instrumenten (Kapitel 3) und
- fantasievollen Wahrnehmungsspielen (Kapitel 4).

Um Sie in Ihrer wichtigen Arbeit zu unterstützen, können Sie alle Lieder einfach herunterladen: Über einen QR-Code haben Sie Zugriff auf die entsprechende Audio-Datei.

Die praxiserprobten Angebote sind dazu geeignet, den Spielraum musikalischen Erlebens zu erkunden, anknüpfend an die Bedürfnisse der Kinder. Sie können sie Schritt für Schritt mit Leben füllen. Da die Situationen mit den Kindern immer unterschiedlich sind, habe ich auf die Angabe einer Gruppengröße verzichtet und vertraue auf Ihre persönliche pädagogische Einschätzung der Rahmenbedingungen (Alter im Verhältnis zur Gruppengröße und Angebotsform, Tageszeit, Gruppenzusammensetzung). Prinzipiell sind alle Spielformen für Kinder von 3 bis 6 Jahren geeignet, viele Angebote können ohne Probleme auch mit älteren Kindern umgesetzt werden.

In meiner Praxis als Lehrerin und Fortbildnerin von pädagogischen Fachkräften begegne ich häufig dem Paradox, dass das Wissen um die faszinierend fördernden Möglichkeiten des Musikerlebens in der Kita groß ist, die Umsetzung aber an Ängsten und Vorbehalten scheitert. Sie reichen von „Ich kann nicht singen“ bis „Ich bin unmusikalisch“. Ich kann Ihnen versichern, dass diese Sorgen nicht nötig und meistens leicht zu überwinden sind. Die Angebote in diesem Buch sind so ausgewählt und zusammengestellt, dass sich elementares „Musik-Erleben“ mit einfachen Mitteln, Methoden und wenigen Materialien in der Praxis umsetzen lässt. Eine Voraussetzung ist allerdings unabdingbar: Sie müssen Freude mitbringen am gemeinsamen Tun und dem Entdecken neuer Möglichkeiten mit Musik, Sprache und Bewegung.

Machen Sie sich auf den Weg!

Und Sie werden erleben: Der Sprung vom berieselnden Nebenbeihören, das unseren Alltag heute vielfach bestimmt, ins Zuhören, ins Richtungshören oder ins differenzierte Hören auf Tonhöhen, ist im wahrsten Sinne des Wortes ein Kinderspiel; ebenso wie das selbstständige Hervorbringen von Tönen beim gemeinsamen Singen, beim Entdecken von Körperklängen und einfachen Instrumenten. Alle hier vorgestellten Spielangebote bieten den Kindern „stimmige“ Herausforderungen, bei denen sie Selbstwirksamkeit in der Gemeinschaft erleben können.

Viel Spaß und Freude wünscht Ihnen von Herzen

Sabine Hirler

Zum Ausprobieren, Reinhören und zur Inspiration unten ein QR-Code, der Sie zum Tonträger leitet, von dem die meisten Lieder in diesem Buch stammen.

Kapitel 1

Mit einfachen Liedern und Reimen durch den Tag

Kita-Kinder reagieren auf einfache Lieder und Reime mit augenblicklicher positiver Aufmerksamkeit. Sie saugen Texte, Melodien und damit verbundene Bewegungsformen regelrecht auf und ahmen das Gehörte samt den Bewegungen oftmals zu einem späteren Zeitpunkt nach, da die neuen Eindrücke im eigenen Tempo wiederholt werden können.

Durch Reime und Lieder erleben Kinder spielerisch und kreativ ihre Umwelt auf einer kindgerechten Gefühlsebene. Die Kombination von Bewegungen, Reimen und Liedern ist in diesem Alter die umfassendste und ganzheitlichste Förderung für das Kind. Rhythmische Bewegungen zu Liedern stärken die sprachliche Behaltensleistung und fördern die kognitive Entwicklung. Gleichzeitig lernen die Kinder, das Gehörte in entsprechende Gesten oder Bewegungen umzusetzen, was die Verknüpfung der Nah- und Fernsinne (Sensorische Integration) unterstützt – die Grundlage für alles Lernen. Zudem sind Lieder und Reime – besonders auch für DaZ und DaF-Kinder – ein wunderbares Sprachlernmedium, das spielerisch zur Wortschatzerweiterung beiträgt und Sprachstrukturen nachvollziehbar macht.

Begrüßungslied

Material • Für jedes Kind zwei Fingerpuppen, evtl. Filzstifte

Die Idee • Dieses Begrüßungslied wird so schnell nicht langweilig. Vielfältige „Raketenstufen“ nehmen alle Kinder mit, und Fingerpuppen sind sehr beliebt.

Guten Tag, guten Tag

Text und Melodie: Sabine Hirler

2. Guten Tag, guten Tag,
zusammen spielen wir.
Guten Tag, guten Tag,
es sind schon alle hier.
Refrain

Spielimpulse:

- **Als Bewegungsspiel:** Wir benötigen für jedes Kind zwei Fingerpuppen, die sich die Kinder auf ihre beiden Zeigefinger stecken. Während der ersten Strophe gehen die Kinder durch den Raum und begrüßen sich gegenseitig mit ihren Fingerpuppen. Beim Refrain stehen alle im Kreis und bewegen die Fingerpuppen im Liedrhythmus. Im Grundschlag tippen dabei die Füße der Kinder abwechselnd mal nach rechts und mal nach links.
  Zur zweiten Strophe gehen die Kinder erneut durch den Raum und die Fingerpuppen begrüßen sich. Beim Refrain gehen die Kinder zu zweit zusammen, haken sich mit dem jeweils rechten oder linken Arm oder Zeigefinger ein und drehen sich im Kreis.
  → **Variante:** Das Begrüßungslied kann auch ohne Fingerpuppen durchgeführt werden, indem zum Beispiel ein Gesicht auf den Zeigefinger gemalt wird.

- **„Raketenstufen" zum Lied:** Damit alle Kinder auf ihrer jeweiligen Entwicklungsstufe abgeholt werden können, bietet die Spielleitung folgende Umsetzungsformen an, die bei den Kindern immer mehr die Koordinationsfähigkeit der rechten und linken Körperhälfte entwickelt (Zusammenspiel der Hirnhälften wird damit gefördert).

  - **1. Stufe:** Die Kinder bewegen ihre senkrecht vom Zeigefinger getragenen Fingerpuppen im Grundschlag des Liedes hin und her und die Füße gehen im Grundschlag auf dem Platz.

  - **2. Stufe:** Die Fingerpuppen wollen miteinander tanzen und die Spielleitung motiviert die Kinder, ihre Hände mit den Fingerpuppen im Grundschlag des Liedes zu überkreuzen. Die Beine gehen im Grundschlag auf dem Platz oder die Kinder wippen mit dem ganzen Körper mit.

  - **3. Stufe:** Die Füße tippen im Grundschlag wechselseitig nach vorne und die Fingerpuppen wippen im Grundschlag mit.

  - **4. Stufe:** Die Füße tippen im Grundschlag wechselseitig nach vorne überkreuz und die Fingerpuppen wippen im Grundschlag mit.

  - **5. Stufe:** Die Füße tippen im Grundschlag wechselseitig nach vorne überkreuz und die Hände mit den Fingerpuppen überkreuzen sich im Grundschlag.

PRAXISTIPP

ÜBERGÄNGE GESTALTEN

Übergänge (Transitionen) im Tageslauf lassen sich mit einfachen Liedern gestalten: Sie funktionieren wie „Scharniere“ und erleichtern beispielsweise den Wechsel vom Frühstück zur Freispielzeit (drinnen oder im Garten), einen Raumwechsel oder den Übergang vom bewegten Spielen zu einem konzentrierten Angebot. Lieder können auf Neues einstimmen und motivieren – sogar das ungeliebte Aufräumen wird dann zu einer spaßigen Angelegenheit. Machen Sie es sich einfach: Nehmen Sie ein bekanntes Kinderlied und reimen Sie frisch drauflos. Vielleicht wird es DAS Aufräumlied für Ihre Gruppe und alles geht wie von selbst.
Übrigens: Die Melodie des Abschiedslieds „Das Spielen ist jetzt aus“ (siehe S. 12) lässt sich prima Ihren Bedürfnissen entsprechend neu „bedichten“.

Abschiedslied

Material • keines

Die Idee • Um den Tag abzurunden, sind Abschiedslieder wichtig. Wiederkehrende Rituale geben den Kindern Sicherheit und Geborgenheit.

Das Spielen ist jetzt aus

Text und Melodie: Sabine Hirler

Spielimpuls:

- Die Kinder singen das Lied und klatschen dazu.

Tipp:

Das Lied lässt sich mit leicht verändertem Text für die Gestaltung anderer Übergänge (Transitionen) einsetzen: in den Garten gehen, zum Aufräumen, zum Basteln etc.

Finger-Spiellied

Material • keines

Die Idee • Beim Krabbeln des kleinen grünen Käfers kommt es auf die Beweglichkeit der Finger an. Dabei überkreuzen die Kinder beim Hochkrabbeln die Körpermittellinie, was die Verbindung zwischen den beiden Gehirnhälften besonders fördert. Der Käfer ist auf verschiedenen Körperteilen unterwegs und zu spüren, das stärkt das Körperbewusstsein der Kinder.

Kleines grünes Käferlein

Text und Melodie: Sabine Hirler

Spielimpuls:

- **Fingerspiel:** Die Kinder sitzen im Kreis. Sie singen das Lied und führen folgende Bewegungen dazu aus:

1. Kleines grünes Käferlein, krabbelt in die Welt hinein. Setzt sich auf ein grünes Blatt, frisst sich dort ganz rund und satt, sucht sich jetzt ein andres Blatt in dem grünen Walde.	*Rechte Hand als Käfer bewegt sich mit flinken Fingerbewegungen über den linken Ober- und Unterarm auf die linke Handinnenfläche. Kleine, rasche „Fressbewegungen". „Käfer" krabbelt über den linken Arm zur linken Schulter.*
2. Kleines grünes Käferlein, krabbelt in die Welt hinein. Krabbelt nun den Baum hinab mit den Beinchen trippe-trapp, sucht sich einen neuen Baum in dem grünen Walde.	*„Käfer" krabbelt den Ober- und Unterkörper hinunter.* *„Käfer" krabbelt auf dem Boden hin und her.*
3. Kleines grünes Käferlein, krabbelt in die Welt hinein. Über Äste, über Moos, alles ist so riesengroß. Findet einen andern Baum in dem grünen Walde.	*„Käfer" krabbelt über Füße und Beine (= Äste und Moos).* *„Käfer" krabbelt das linke Bein hoch.*
4. Kleines grünes Käferlein, krabbelt in die Welt hinein. Findet jetzt ein Loch im Ast, macht nun eine kleine Rast. Ruht sich aus und schläft dann ein in dem grünen Walde.	*„Käfer" krabbelt den Oberkörper hoch und legt sich am Hals in die linke Schlüsselbeinkuhle.*

- **Variante:** Die Spielleitung singt das Lied noch einmal und führt das Fingerspiel mit der anderen Hand durch.

Spiellied

Material • keines

Die Idee • Kinder lieben es, auch mal nicht ansprechbar zu sein und sich zu verstecken. Das können sie mit diesem Lied gut ausleben, und gleichzeitig lernen sie, empathisch mit dem „Igel" umzugehen. Ein tolles Bewegungslied mit viel sozial-emotionalem Potenzial im Rollenspiel.

Kleiner Igel, komm heraus

Text und Melodie: Sabine Hirler

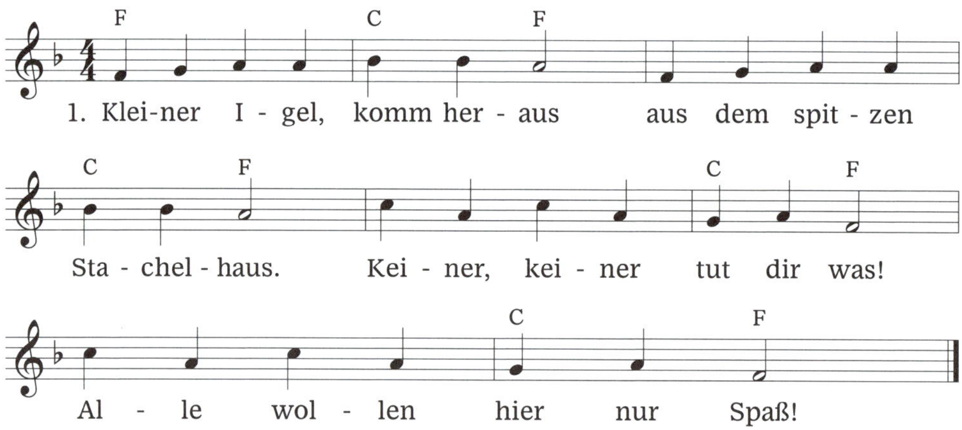

Spielimpulse:

- **Spiellied:** Die Kinder sitzen im Kreis. In der Mitte liegt ein Kind zusammengerollt als Igel. Die Kinder singen das Lied und führen folgende Bewegungen dazu aus:

1. Kleiner Igel, komm heraus, aus dem spitzen Stachelhaus. Keiner, keiner tut dir was! Alle wollen hier nur Spaß.	*Die Kinder streichen über den Rücken des „Igels“.*
2. Kleiner Igel, steh jetzt auf, räkel dich – komm mit und lauf.	*Der „Igel“ steht langsam auf und räkelt sich.*
Lauf mit uns durch Wald und Feld,	*Er läuft durch den Raum, die anderen Kinder laufen hinter ihm her.*
grad so, wie es dir gefällt.	*Zurück in den Sitzkreis.*

Rollenwechsel

- **Variante als Fangspiel:** Am Ende der zweiten Strophe läuft der Igel durch den Raum und fängt ein Kind, das dann den neuen Igel spielt.

Spiellied mit Tüchern

Material • 2 Tücher pro „Schmetterling“, mindestens 4 für jede „Blume“
Die Idee • Filigran und leicht fliegt der Schmetterling durch den Raum. Auf der Blumenwiese warten schon die Blumen auf den Schmetterling. Ein fantasievolles Spiel, das die Motorik fördert und eine schöne Atmosphäre zaubert.

Schmetterling, du schönes Tier

Text und Melodie: Sabine Hirler

Spielimpuls:

- **Spiellied mit leichten Tüchern:** Es werden zwei Gruppen gebildet. Eine Gruppe verwandelt sich mit Nylontüchern in bunte Blumen und verteilt sich im Raum (Blumenwiese). Die Spielleitung hilft den Kindern der anderen Gruppe, sich als Schmetterlinge zu verkleiden (Tücher als Flügel an den Armen befestigt) und singt mit den Kindern die erste Strophe. Die Schmetterlingsgruppe „fliegt“ leichtfüßig durch den Raum.
  In der zweiten Strophe werden folgende Bewegungen ausgeführt:

2. Wunderschöne Blütenpracht,	*Die „Blumen“ bilden mit ihren Händen einen Blütenkelch.*
darauf fliegst du mit Bedacht.	*Die „Schmetterlinge“ laufen zu einer*
Saugst den Nektar in dich rein,	*„Blume“ und stecken eine Hand in den „Blütenkelch“.*
fliegst weiter dann im Sonnenschein.	*Dann* „fliegen“ *sie zu einer anderen „Blume“.*

Im Anschluss werden die Rollen getauscht.

Rollenspiel: Auf dem Bauernhof

Material • keines

Die Idee • Sprach- und Rhythmusspiele können mit beliebigen Wörtern und Kurzsätzen umgesetzt werden. Vorschläge kommen von der Spielleitung oder den Kindern. Besonders viel Spaß macht es, wenn sie in Bezug zu einem bestimmten Thema stehen, hier beispielsweise ist es der Bauernhof. Möglich wäre aber auch Urwald, Gespensterschloss, Piraten, Weltall, Meer, im Schwimmbad etc.

Spielimpulse:

- **Sprachspiel:** Die Kinder erproben die Laute der Bauernhoftiere: Muh (die Kuh), Mäh (das Schaf), Iiah (der Esel) oder Kikeriki (der Hahn) etc.
- **Tier-Orchester:** Mehrere Kinder übernehmen jeweils einen Tierlaut (drei oder vier Gruppen). Ein Kind als Dirigent tritt vor das „Tier-Orchester“ und zeigt mit zwei Schlägeln als Dirigentenstäbe den Gruppen die Sprecheinsätze.
- **Sprachspiel mit Bewegungs-Dirigent:** Die Kinder suchen sich ein Thema heraus (z.B. Bauernhof). Die Spielleitung bewegt sich in charakteristischer Weise mit den Kindern durch den Raum („Muh!“, „Miau!“, Kikeriki!“, „Iah!“ usw.). Mehrere Kinder übernehmen jeweils einen Tierlaut. Ein Kind gibt als Bewegungs-Dirigent die Einsätze für die Gruppen [auf allen vieren krabbeln – Einsatz für die Kühe (Muh); Hände seitlich als Eselsohren an den Kopf halten und durch den Raum laufen – Einsatz für die Esel (Iah); mit erhobenem Kopf durch den Raum stolzieren – Einsatz für die Hähne (kikeriki)].

Tipp:

Bei Spielen mit einem Bewegungs-Dirigenten ist die Anzahl der Gruppen vom Alter der Kinder abhängig. Bei Fünf- bis Sechsjährigen sind bis zu vier Gruppen möglich.

Reim: Die kleine Maus

Material • Evtl. je ein Paar Klanghölzchen für jedes Kind und die Spielleitung
Die Idee • Ein bewegtes Rollenspiel, das auch die Gefühle von Kindern anspricht, denn Hunger leiden ist nicht angenehm. Da es drei Varianten dazu gibt, kann der Bewegungsreim die Kinder lange begleiten, sei es im Turnraum oder im Stuhlkreis.

1. Tipp-di-tapp, die kleine Maus –
hat keinen Käse mehr im Haus.

2. Tipp-di-tapp, die kleine Maus –
läuft aus ihrem Haus heraus.

3. Läuft nun über Stock und Stein –
irgendwo muss Futter sein.

4. Doch was spüren ihre Pfoten –
ein Stück Brot liegt auf dem Boden!

5. Knibbel-knabbel, knibbel-knabbel,
knibbel-knabbel, knibbel-knabbel.

6. Satt und müde ist die Maus –
und kehrt nun zurück nach Haus.

Text: Sabine Hirler

Spielimpulse:

- **Der Reim als Fingerspiel:** Zeige- und Mittelfinger der rechten Hand (Maus) sind im „Mäusehaus“ **(1)**, die „Maus“ läuft mit schnellen Bewegungen der Finger den linken Arm hinauf **(2)**, sich suchend umschauen und schnuppern **(3)**, Zeige- und Mittelfinger bewegen sich mit raschen Fressbewegungen auf der linken Schulter **(4, 5)**, mit langsamen Bewegungen der Finger ins „Mäusehaus“ zurückkehren **(6)**.
- **Der Reim im Rollenspiel:** Die Kinder sitzen im Kreis (Mäusehaus), der Reim wird gesprochen und in Bewegung umgesetzt: Aufstehen und aus dem „Mäusehaus“ herauslaufen **(1)**, im Sprechtempo durch den Raum gehen **(2)**, sich suchend umschauen und schnuppern **(3)**, ein imaginäres Stück Brot in die Hände nehmen und daran „knabbern“ **(4, 5)**, sich den Bauch reiben und in den Sitzkreis zurückkehren **(6)**.

- **Der Reim mit Klanghölzchen:** Jedes Kind hat ein Paar Klanghölzchen und spielt nach Belieben darauf (Experimentierphase). Im Anschluss bewegen sich die Kinder wie im Reim angegeben und spielen im Sprechtempo die Klanghölzchen dazu. Bei **(3)** die Klanghölzchen als Barthaare an die Nase halten und sie dann auf den Boden legen **(4)**, die Augen schließen, an den Klanghölzchen als „Brot" knabbern **(5)**. Dann in den Sitzkreis zurückkehren **(6)**.

WISSEN KOMPAKT

Lernen durch Nachahmung

Solange die kognitiven Fähigkeiten noch nicht ausgereift sind, lernen Kinder über die Nachahmung. Deshalb ist die Wiederholung für die Entwicklung der Kinder von großer Wichtigkeit. Nur im vertrauten Rahmen des schon Gehörten, Gesehenen und Nachgeahmten entwickeln die Kinder ihre Fähigkeiten ungestört. Daher ist es wichtig, Spielangebote so auszuwählen, dass die Kinder die Gelegenheit bekommen, Inhalte zu vertiefen und zu verfestigen. Aus diesem Grund finden Sie in diesem Buch viele Varianten zu einer Spielform (z. B. Reim / Lied als Handgestenspiel, als Tanz, mit Instrumenten, mit Material etc.). So können die Kinder in der Sicherheit der Wiederholung agieren, gleichzeitig bleibt das Spiel interessant und abwechslungsreich.

Reim: Die Katze setzt die Pfoten

Material • Ein Paar Klanghölzchen für jedes Kind und die Spielleitung.
Die Idee • Dieser Reim hat viele Varianten, damit die Kinder in der Sicherheit der Wiederholung die Wörter gut verinnerlichen und aussprechen können.

1. Die Katze setzt die Pfoten,
ganz sachte auf den Boden.

2. Die Ohren spitzt die Katze sehr
das Piepsen hört sie umso mehr.

3. Dann hält sie an, die Katz',
und macht 'nen großen Satz!

4. Entwischt ist ihr die kleine Maus,
und die Katze schleicht nach Haus.

Text: Sabine Hirler

Spielimpulse:

- **Reim im Rollenspiel:** Die Kinder sprechen den Reim und setzen ihn in Bewegung um: Sie bewegen sich geschmeidig auf allen vieren als Katze im Raum **(1)**, die Hände an die Ohren halten und lauschen **(2)**, in die Hocke gehen, bei „Satz" einen Sprung aus der Hocke machen **(3)**, auf allen vieren zum Sitzkreis zurücklaufen **(4)**.
- **Reim mit Klanghölzchen:** An jedes Kind ein Paar Klanghölzchen austeilen. Die Kinder spielen zunächst nach Belieben (Experimentierphase). Im Anschluss bewegen und spielen die Kinder die Klanghölzchen folgendermaßen: Auf den Klanghölzchen streichen **(1)**, die Klanghölzchen als Ohren seitlich an den Kopf halten **(2)**, leise und schnell auf den Klanghölzchen klopfen. Bei „Satz" einmal laut klopfen **(3)**, schnell auf Klanghölzchen klopfen, auf den Klanghölzchen streichen **(4)**.

Tipp:

Die einzelnen Reimsätze mehrmals wiederholen. Das gibt den Kindern die Chance, die dazugehörigen Bewegungen zu vertiefen.

Reim: Der Elefant kommt angestampft

Material • 4 Seile

Die Idee • Elefanten sind groß und stark und üben auch wegen ihres Rüssels eine große Faszination auf Kinder aus. Eine Hand fasst an die Nase, der andere Arm wird durch die Armbeuge gesteckt – fertig ist der eigene Rüssel, und der Spielspaß kann beginnen.

1. Der Elefant stampft durch den Sand,
stipfe-stapfe, stipf und stapf.
Er wackelt hin und wackelt her,
fest zu stampfen, mag er sehr.

2. Vor einem großen Baum steht er,
so hungrig und der Bauch ganz leer.
Mit dem Rüssel holt er Blätter,
denn die schmecken immer lecker.

3. Ein schlimmer Durst plagt ihn jedoch.
Er stampft zum tiefen Wasserloch.
Stipfe-stapfe, stipf und stapf.
Er wackelt hin und wackelt her,
fest zu stampfen mag er sehr.

4. Er streckt den Rüssel weit hinein
und saugt das kühle Wasser ein.
Im braunen Schlamm wälzt er sich nun,
um sich endlich auszuruhn.

Text: Sabine Hirler

Reim im Rollenspiel: Die Kinder stehen als „Elefanten" im Raum verteilt. Sie greifen mit der linken Hand an die Nase. Der rechte Arm liegt als „Elefantenrüssel" in der Armbeuge des linken Armes. Ein mit Seilen gelegter Kreis ist das „Wasserloch". Die Kinder sprechen den Reim und stapfen im Sprechtempo gemächlich durch den Raum. Dabei den Oberkörper bei jedem Schritt leicht nach links oder rechts neigen. Fest aufstampfen **(1)**. Stehen bleiben und den „Rüssel" nach oben zum „Baum" austrecken, Blätter pflücken und den „Rüssel" zum Mund führen **(2)**, dann wieder durch den Raum stapfen **(3)**. Zum Schluss hinknien und den „Rüssel" ins „Wasserloch" strecken, sich auf den Rücken legen, herumwälzen und anschließend ruhig liegen bleiben **(4)**.

- **Reim im Rollenspiel am Platz:** Die Kinder sitzen im Kreis. Ein aus Seilen gelegter Kreis in ihrer Mitte ist das Wasserloch. Alle sprechen den Reim und führen dazu folgende Bewegungen aus: Mit den Händen im Sprechtempo auf die Oberschenkel patschen, dabei den Oberkörper hin und her bewegen **(1)**. Den „Rüssel" in einen imaginären „Baum" strecken und ihn dann zum Mund führen **(2)**. Mit den Händen im Sprechtempo auf die Oberschenkel patschen, dabei den Oberkörper hin und her bewegen **(3)**. Hinknien und den „Rüssel" ins „Wasserloch" strecken. Sich auf den Rücken legen, herumwälzen und anschließend ruhig liegen bleiben **(4)**.

KURZ & KNAPP

Sprachvorbild sein

Ohne ein gutes Sprachvorbild können Kinder ihr sprachliches Potenzial nicht ausschöpfen. Sie sind auf das soziale Umfeld und die entsprechende sprachliche Kommunikation angewiesen, um ausgehend von ihrem aktuellen Entwicklungsstand ihre Kenntnisse zu erweitern und zu entwickeln. Pädagogische Fachkräfte, die in der Kita ihre Stimme in Form von Finger- und Handgestenspielen sowie Reimen und Liedern einsetzen, sind ein gutes Sprachvorbild.

Reim: Robby Robb – die kleine Robbe

Material • Rainmaker / Oceandrum

Die Idee • Robben sind verspielt wie kleine Kinder, und das wird bei diesem Reim nachgespielt. Außerdem findet die Robbe einen Freund, was dem inneren Bedürfnis jedes Kindes entspricht. Abwechslungsreiche Spielformen in Grobmotorik und als Handgestenspiel bieten variantenreichen Spielspaß.

1. Robby Robb, die kleine Robbe,
will ins Wasser, robb-robb-robb.
Sie flutscht hinein ins weite Meer,
denn schwimmen, das mag Robby sehr.

2. Sie fängt sich einen kleinen Fisch,
der schmeckt ganz lecker und ganz frisch.
Einen Freund sucht sie sich dann,
mit dem sie immer spielen kann.

3. Sie schwimmen los – schnell wie zwei Pfeile,
rauf geht's und runter, immer in Eile.
Sie springen hoch und drehen sich,
es wird ihnen ganz schwindelig.

4. Sie schwimmen dann zurück an Land
und robben auf den weichen Strand.
Dort ruhn sie sich vom Spielen aus
und lauschen still dem Meergebraus.

Text: Sabine Hirler

Spielimpulse:

- **Reim im Rollenspiel:** Die Kinder liegen auf dem Bauch und robben mit Hilfe der Arme durch den Raum **(1)**. Aufstehen, durch den Raum laufen und den „Fisch“ fangen und verspeisen **(2)**. Jeder sucht sich einen Partner. Zu zweit durch den Raum laufen. Auf den Bauch legen und schnell aufspringen **(3)**. Sich um die eigene Achse drehen. Sich auf den Bauch legen, durch den Raum robben. Ruhig liegen bleiben **(4)**. Die Spielleitung spielt mit dem Rainmaker oder Oceandrum.
- **Reim als Handgestenspiel:** Rechte Hand (Robbe) liegt auf dem rechten Oberschenkel und robbt zum Knie. Die rechte Hand in Brust- und Bauchhöhe flink wie eine schwimmende Robbe bewegen **(1)**. Die „Robbe“ fängt sich einen imaginären Fisch. Essbewegungen mit der Hand. Die linke Hand schwimmt als zweite „Robbe“ **(2)**. Rasche, geschmeidige Bewegungen mit den Händen. Hände rasch nach unten und schnell wieder nach oben führen. Hände drehen **(3)**. Beide Hände auf den rechten Oberschenkel legen. Auf dem Oberschenkel robben. Hände bleiben ruhig liegen **(4)**.

Kapitel 2

Gehen, laufen, schleichen und hüpfen – Rhythmus und Bewegung erleben

Kinder lieben es, sich zu bewegen. Können sie auf spielerische Weise ihre motorischen Impulse kanalisieren, wirkt sich dies positiv auf die Entwicklung der Verknüpfung der Sinne (Sensorische Integration) aus. Sie lernen, ihren Körper je nach musikalischen und rhythmischen Impulsen zum Beispiel als Maus schnell oder als Bär etwas langsamer zu bewegen – und das wunderbarerweise über ihre Freude am Rollenspiel. Beste entwicklungspsychologische Gründe also, um den Kindern verschiedene Tempi beispielsweise auf einer Trommel oder einem pentatonischen Xylo- oder Metallophon anzubieten, die sie in eine entsprechende Bewegung umsetzen.

Reim zum Gehen: Im Wald

Material • Klanghölzchen und Handtrommeln, Klangbausteine c1 und g1
Die Idee • Dieser Reim ist oft und vielseitig einsetzbar. Die Rast kann auch woanders gemacht werden, beispielsweise auf der Wiese, am Spielplatz, im Zoo oder Wildpark.

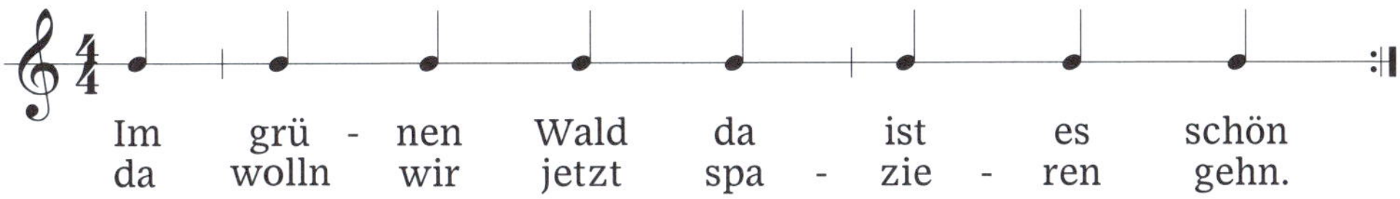

Im grünen Wald, da ist es schön,
da woll'n wir jetzt spazieren gehn.
So große Bäume gibt es hier,
dort leben gerne Mensch und Tier.
Im grünen Wald, da ist es schön,
hier tut es gut, spaziern zu gehn.

Auf einer Burg machen wir Rast,
dort essen wir, ganz ohne Hast.

Im grünen Wald, da war es schön,
doch woll'n wir jetzt nach Hause
gehn.

Text: Sabine Hirler

Spielimpulse:

- **Waldspaziergang drinnen:** Zum Reim im Sprechtempo durch den Raum gehen. Bei „so große Bäume" mit den Armen einen großen Kreis beschreiben. Zum Schluss setzen sich alle unter einen Baum, essen ihr imaginäres Brot und gehen schließlich zurück in den Sitzkreis.
- **Begleitung mit einfachen Instrumenten:** Der Reim wird während des Sprechens am Platz oder bei der Bewegung im Raum mit Schlaginstrumenten (z. B. Klanghölzchen, Handtrommel) begleitet.
- **Begleitung mit Klangbausteinen:** Die Spielleitung spielt auf dem Xylophon oder dem Metallophon, z. B. auf den Tönen c1 und g1 im 4/4 Takt (siehe oben).
  - → **Variante:** Im Sitzkreis versuchen die Kinder das Tempo und den Rhythmus des gesprochenen Reimes auf den beiden Klangbausteinen mitzuspielen.

Lied zum Laufen

Material • keines

Die Idee • Da braucht auch die Spielleitung etwas Puste, denn gleichzeitig zu laufen und zu singen hält fit! Vor allem, wenn die Kinder das Lied nicht nur einmal, sondern mehrmals nacheinander spielen wollen.

Die Zauberschuhe

Text und Melodie: Sabine Hirler

2. Denn ohne Mühe geht es rückwärts,
und dann plötzlich auch noch seitwärts.
Wir laufen, laufen ohne Pause,
flitze-schnell zurück nach Hause.

Spielimpuls:

- Die Spielleitung erzählt den Kindern, dass sie neue Schuhe hat, und zwar Zauberschuhe. Damit kann sie ganz besonders gut in alle Richtungen laufen. „Wollt ihr auch eure Zauberschuhe ausprobieren?" Und dann geht es direkt mit dem Lied los: In der ersten Strophe im Liedtempo durch den Raum laufen. In der zweiten Strophe die Bewegungsimpulse im Liedtext umsetzen, zum Schluss in den Sitzkreis zurücklaufen.

WISSEN KOMPAKT

Die Fortbewegungsarten

Die Umsetzung eines gespielten Rhythmus in die Bewegung ist eine wichtige Methode aus der Rhythmisch-musikalischen Erziehung. Die sogenannten Fortbewegungsarten sind Gehen, Laufen, Schreiten, Hüpfen und Galoppieren. Sie werden einfach in unterschiedlichste Spielangebote integriert und verwandeln anspruchsvolle Wahrnehmungsspiele in kurzweilige und spannende Angebote. Da sich Kinder gerne bewegen und spielerisch auf die Musik reagieren, sind sie grundlegend motiviert und emotional angesprochen.

Durch die spielerische Umsetzung des Gehörten in Bewegung erfahren die Kinder die musikalischen Bestandteile der Musik und der Sprache. Diese sind:

- Rhythmus
- Tempo (schnell / langsam)
- Dynamik (laut / leise)
- Artikulation (kurz / lang)

Beim Umschalten von einer Fortbewegungsart zur anderen werden folgende Sinneswahrnehmungen und ihr Zusammenspiel gefördert:

- Auditive Wahrnehmungsfähigkeit: die entsprechende motorische Umsetzung von Rhythmus in Bewegung und die auditive Orientierung im Raum
- Visuelle Wahrnehmungsfähigkeit: die Raumwahrnehmung und die räumliche Beziehung von anderen zu sich selbst
- Konzentration und Reaktionsfähigkeit: beim Wechsel von einer Fortbewegungsart in die andere

Für einen intensiven gruppendynamischen Ablauf ist es von Vorteil, wenn die Spielleitung selbst in der Lage ist, auf einem Instrument Fortbewegungsarten zu spielen, da sie dann auf das Tempo der Gruppe eingehen und auf spontane Einfälle der Kinder reagieren kann. Vorschläge dazu finden Sie bei den nachfolgenden Spielen unter „Begleitung mit Klangbausteinen".

Reim zum Laufen: Vier kleine Füßchen

Material • Klanghölzchen, Rasseln, Handtrommeln, Klangbausteine c1 und g1, 2 Schlägel

Die Idee • Die Maus ist schnell und niedlich. Den Kindern fällt es leicht, die Bewegungen der Spielleitung nachzuahmen.

Spielimpulse:

- **Reim als Bewegungsspiel:**

Aus ihrem kleinen Mäusehaus, läuft eine kleine Maus heraus.	*Die Kinder sitzen als Mäuse im Sitzkreis. Aus dem Sitzkreis laufen.*
‖: Tipp-tipp-tipp-tippel-tippel-tipp :‖	*Durch den Raum laufen.*
Das Mäuschen putzt sich nun das Fell,	*Stehen bleiben und mit den Armen über die Schultern streichen.*
läuft dann nach Haus, ganz flink und schnell.	*In den Sitzkreis zurücklaufen.*

Text: Sabine Hirler

- **Begleitung mit einfachen Instrumenten:** Der Reim wird während des Sprechens am Platz oder bei der Bewegung im Raum mit Schlaginstrumenten (z.B. Klanghölzchen, Handtrommel, Rassel) begleitet.
- **Begleitung mit Klangbausteinen:** Die Spielleitung spielt auf dem Xylophon z.B. auf den Tönen c1 und g1 im 2/4 Takt (Achtel, wie im Lied S. 32).
  → **Variante:** Im Sitzkreis versuchen die Kinder den Grundschlag des Reimes auf den beiden Klangbausteinen nachzuahmen.

Reim: Hüpfen durch das grüne Gras

Material • Klanghölzchen, Schellentamburin, Handtrommeln, Klangbausteine d1 und a1, zwei Schlägel

Die Idee • Hüpfen ist die Grundbewegungsart von glücklichen Kindern. Sie werden nur lachende Gesichter sehen.

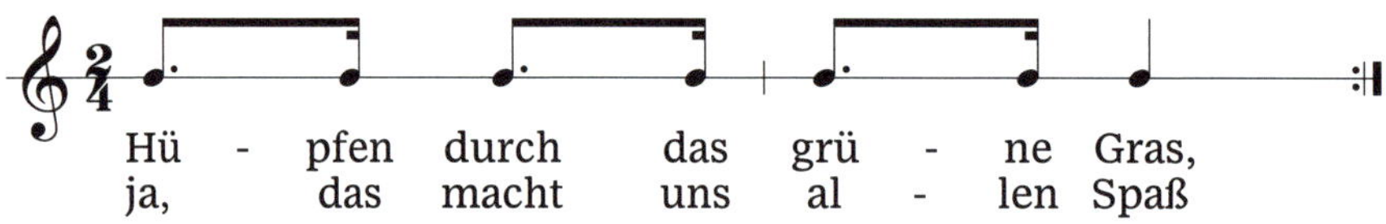

Hüpfen durch das grüne Gras,
ja, das macht uns allen Spaß.

Die Sonne brennt uns auf die Haut,
die Vögel zwitschern heute laut.

Hüpfen, hüpfen, kreuz und quer,
ja, das fällt uns jetzt nicht schwer.

Doch wir brauchen eine Pause,
hüpfen nun ganz schnell nach Hause.

Text: Sabine Hirler

Spielimpulse:

- **Reim als Bewegungsspiel:** Kreuz und quer durch den Raum hüpfen. Dabei den Reim beliebig wiederholen. Zum Abschluss in den Sitzkreis zurückhüpfen.
- **Begleitung mit einfachen Instrumenten:** Der Reim wird während des Sprechens am Platz oder bei der Bewegung im Raum mit Schlaginstrumenten (z.B. Klanghölzchen, Handtrommel, Schellentamburin) begleitet. Im Anschluss bewegen sich einige Kinder im Raum und die anderen begleiten sie dazu. Rollenwechsel.
- **Improvisation mit Klangbausteinen:** Die Spielleitung spielt auf dem Xylophon z.B. auf den Tönen d1 oder a1 im Sprechrhythmus.
  - → **Variante:** Im Sitzkreis versuchen die Kinder das Tempo und den Rhythmus des gesprochenen Reimes auf den beiden Klangbausteinen mitzuspielen.

PRAXISTIPP

PENTATONIK – FÜNF NÜTZLICHE TÖNE

Das Spielen der fünf pentatonischen Töne erleichtert das eigene Instrumentalspiel auf dem Xylophon oder dem Metallophon (Instrumentenkategorie: Stabspiele). Diese können vor allem für musikalisch-rhythmische Begleitung zu den Fortbewegungsarten eingesetzt werden, aber auch zu Liedern.

Die Pentatonik basiert auf einer verkürzten Tonleiter. Die Tonleiter in C-Dur besteht aus acht Tönen c-d-e-f-g-a-h-c (der Ton c ist doppelt, damit sich die Tonleiter vollständig anhört). Bei der Pentatonik werden alle h- und f-Töne (möglich ist auch das h und das e) aus den Stabspielen herausgenommen. Durch das Fehlen der sonst beinhalteten Halbtonschritte erhält die Musik einen leicht schwebenden Charakter und passt sich bis zu einem gewissen Grad einfachen Melodien an.

Pentatonik = Penta griechisch für fünf, Tonik griechisch für Töne → Fünf-Ton-Musik

Die anthroposophische Waldorf-Pentatonik verwendet fünf andere Töne: g-a-h-d-e.

Hinweis zur Nutzung im Buch: Im Buch wird von pentatonischen Instrumenten gesprochen, die entweder aus den einzelnen Klangbausteinen der pentatonischen Tonleiter oder den beibehaltenen Tönen auf einem Xylo- oder Metallophon (ohne die Töne h und f oder e) bestehen.

Achtung: Auf Stabspielen aus dem nicht deutschsprachigen Raum steht anstatt dem Ton h der Ton b auf dem Klangstab. Das b wird im englischsprachigen Kontext als Bb gekennzeichnet.

Reim zum Galoppieren: Pferdchen im Galopp

Material • Klanghölzchen, Schellentamburin, Handtrommeln, Klangbausteine e1 und h1, zwei Schlägel

Die Idee • Galoppieren wie ein Pferd auf der Wiese – das macht den Kindern immer Spaß und Freude und kann mehrmals nacheinander gespielt werden.

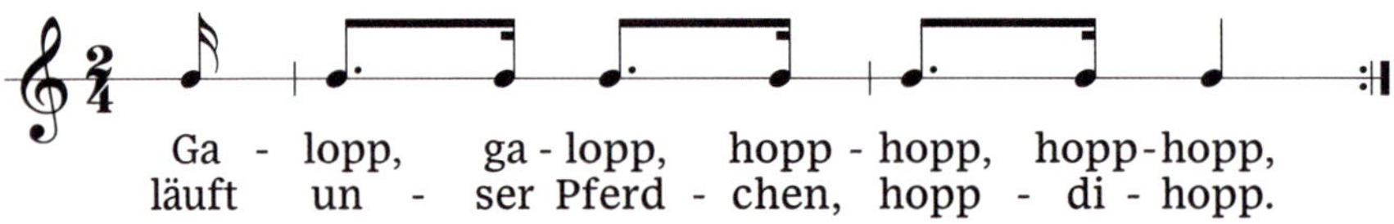

||: Galopp, galopp, hopp-hopp, hopp-hopp,
läuft unser Pferdchen, hopp-di-hopp. :||
Es galoppiert den Berg hinab,
mit seinen Hufen, tripp, trapp, trapp.
||: Galopp, galopp, hopp-hopp, hopp-hopp,
läuft unser Pferdchen, hopp-di-hopp. :||
In den Stall, da läuft es nun,
um sich etwas auszuruhen.

Text: Sabine Hirler

Spielimpulse:

- **Als Bewegungsspiel:** Im Sprechrhythmus durch den Raum galoppieren. Am Schluss galoppieren alle in den Sitzkreis zurück und legen sich hin.
- **Begleitung mit einfachen Instrumenten:** Der Reim wird während des Sprechens am Platz oder bei der Bewegung im Raum mit Schlaginstrumenten (z. B. Klanghölzchen, Handtrommel, Schellentamburin) begleitet.
- **Begleitung mit Klangbausteinen:** Die Spielleitung spielt auf dem Xylophon z. B. auf den Tönen e1 oder h1 im Sprechrhythmus.
  → **Variante:** Im Sitzkreis versuchen die Kinder den Rhythmus auf den beiden Klangbausteinen nachzuahmen.

Reim zum Schreiten: Das Dromedar aus InSalah

Material • Becken, Zimbeln, Metallophon-Klangbausteine (z.B. Töne c1, e1, g1), Triangel, Schellenkranz, evtl. Sandsäckchen, Seile, blaue und grüne Tücher

Die Idee • Langsam und wiegend umherstapfen – das fördert den Gleichgewichtssinn, die motorische Koordination und macht den Kindern viel Spaß.

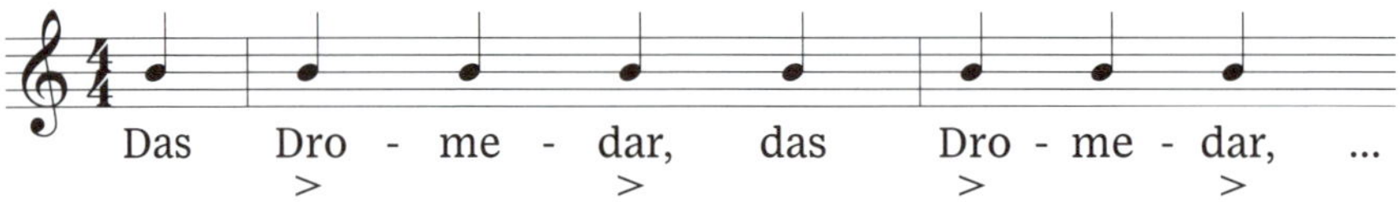

> = jeweils einen Schritt machen. Dabei die Füße flach auf den Boden setzen.

Das Dromedar, das Dromedar,
stapft durch die Wüste InSalah.

Das Dromedar, das Dromedar,
trägt Wasser, ach, wie wunderbar,
in seinem Höcker mit sich rum.
Ein Dromedar, das ist nicht dumm.

Das Dromedar, das Dromedar,
stapft durch die Wüste InSalah.

In der Oase Lallemand,
gibt es viel mehr als heißen Sand.
Denn unter großen, grünen Palmen,
wächst grünes Gras mit langen Halmen.

In der Mitte ist ein Teich,
umringt von Gras, so grün und weich.
Die großen Palmen werfen Schatten,
das Dromedar wird lange rasten.

Text: Sabine Hirler

Spielimpulse:

- **Reim im Rollenspiel:** Die Kinder stapfen Schritt für Schritt im Rhythmus langsam durch den Raum. Dabei den ganzen Fuß aufsetzen und das Gewicht jeweils von einer Seite zur anderen verlagern, sodass eine wiegende Bewegung entsteht. Bei der letzten Strophe auf alle viere gehen und sich gemächlich zu Boden sinken lassen.

- **Wüsten-Karawane mit Material (Seile und Sandsäckchen):** Die Kinder stellen sich mit ca. zwei Meter Abstand als Karawane hintereinander. Dann wird pro Kind ein Seil verknotet und die Kinder halten dieses Seil in ihrer Aufstellung entweder auf der rechten oder der linken Seite mit einer Hand fest. Die „Wüsten-Karawane“ ist jetzt fertig.
  Ein Kind spielt den „Karawanen-Chef/Chefin“ und verteilt das „Gepäck“ (Sandsäckchen) auf die Schultern der „Dromedare“. Dann sprechen alle Kinder den Reim und bewegen sich als „Wüsten-Karawane“ durch den Raum. Der „Karawanen-Führer“ legt heruntergefallene Sandsäckchen wieder auf die „Dromedare“ zurück.
  - **Varianten:** Die Kinder gehen zu zweit zusammen. Ein Kind ist das Dromedar und das andere der „Dromedarreiter“. Das Seil wird dabei um den Bauch gebunden. Spielausführung wie oben.
  - In der Raummitte wird mit den Kindern aus Tüchern eine Oase gestaltet, an der die Dromedare dann rasten. Die rastenden Dromedare werden von ihren Reiterinnen und Reitern mit Bändern geschmückt und gestriegelt.
- **Wüstenreise mit Instrumenten:** Die Kinder sitzen im Kreis. Becken, Zimbeln, Metallophon-Klangbausteine (z. B. Töne c1, e1, g1), Triangel, Schellenkranz sind an sie ausgeteilt. Die Kinder sprechen die Verse und begleiten sich dazu mit den Instrumenten im gemächlichen Tempo des Sprechrhythmus.

KURZ & KNAPP

Gut fürs Gleichgewicht: Schreiten

Die Fortbewegungsart Schreiten setzt das jüngere Kind in fantasievollen Bewegungen zu Tieren oder Gestalten um. Die Katze schleicht, das Dromedar stapft gemächlich durch den Wüstensand. Der Bär ist ebenfalls langsam unterwegs und wiegt sich dabei mit dem ganzen Körper hin und her. Das Schreiten in kindgerechten Umsetzungsformen fördert besonders gut den Gleichgewichtssinn.

Kapitel 3

Trommeln, klopfen, rasseln und klatschen – Spiele mit Instrumenten

Babys, Kleinkinder und Kitakinder erhalten durch das Schütteln, Rasseln, Klopfen und Trommeln Informationen über die Dichte und Struktur eines Gegenstandes. Kein Wunder, dass Instrumente aus Naturmaterialien, aus beliebigen Haushaltsgegenständen, aus Müll (knisternde Folie, Joghurtbecher und Co.) sich für Klang- und Geräuscherfahrungen hervorragend eignen.

Im elementaren Instrumentalspiel kann jeder – egal ob alt, jung, ob mit oder ohne Handicap – Klänge, Geräusche, Melodien und Rhythmen erzeugen. Das Spielen auf elementaren Instrumenten oder beliebig dazu geeigneten Gegenständen entsteht entweder aus der freien Improvisation und dem experimentellen Spiel oder aus der Begleitung von Sprechrhythmen, Liedrhythmus, Klanggeschichten usw. heraus.

Das laute Echo

Material • Klanghölzchen für jedes Kind oder beliebige andere Rhythmusinstrumente

Die Idee • Ein einfaches Spiel, das die Hör- und Raumwahrnehmung fördert und bei Kindern beliebt ist.

Spielimpulse:

- Jedes Kind hat ein Paar Klanghölzchen oder ein anderes beliebiges Instrument. Die Kinder stehen mit ihren Instrumenten im Raum verteilt und haben die Augen geschlossen. Die Spielleitung tippt ein Kind an. Daraufhin spielt dieses einen beliebigen Rhythmus auf seinem Instrument. Hat es zu Ende gespielt, spielen es die anderen Kinder als Echo nach. Dies wird wiederholt, bis jedes Kind an der Reihe war.
- **Variante:** Die Spielleitung spielt zum Beispiel die Fortbewegungsart Gehen auf zwei Klangbausteinen (z. B. c 1 und g1 oder auf einem pentatonischen Xylophon), und die Kinder gehen dazu im Raum und spielen auf ihren Instrumenten im Rhythmus dazu. Hört die Musik der Spielleitung auf, bleiben sie stehen und schließen die Augen. Dann tippt die Spielleitung ein Kind an, welches auf seinem Instrument zu spielen beginnt. Die anderen Kinder ahmen das Tempo des Spiels nach und alle spielen mit. Beginnt die Spielleitung wieder auf den Klangbausteinen zu spielen, bewegen sich die Kinder auf ihren Instrumenten spielend durch den Raum. Wiederholen, bis jedes Kind einmal mit der Spielvorgabe an der Reihe war.

Trommeln

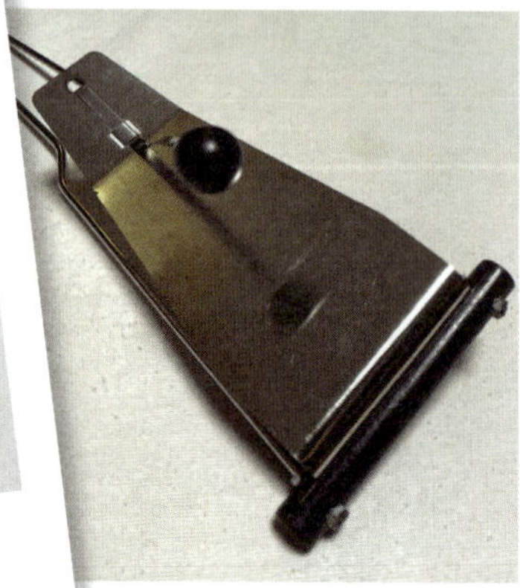
Flex-A-Tone

Becken und Zimbeln

Waldteufel

Caxixi

Froschraspel

pentatonische Klangbausteine

Meckerpferdchen

Rührtrommel

Spring-Drum

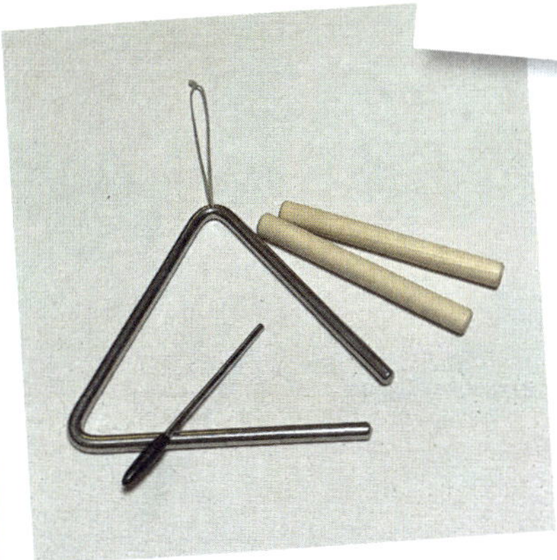

Triangel und Klanghölzchen

Windspiel und Waterfall

KURZ & KNAPP

Was sind „elementare Instrumente"?

Die Spielformen in diesem Buch können Sie mit einfachen Materialien, aber auch mit kostengünstigen unüblichen Instrumenten umsetzen. Dazu zählen zum Beispiel Flex-A-Tone, Waldteufel, Meckerpferdchen, Becken, Windspiel und pentatonische Instrumente.

In vielen Einrichtungen gibt es aus dem sogenannten Orff-Instrumentarium Handtrommeln, Rasseln und Klanghölzchen, Triangel, Xylophon, Metallophon und Klangbausteine, mit denen Sie angenehme pentatonische Harmonien spielen können, ohne Noten lernen zu müssen (siehe Wissen kompakt, S. 37).

Woher kommt der Klang?

Material • Möglichst unterschiedliche Instrumente für jedes Kind und die Spielleitung (Handtrommeln, Rasseln, Klanghölzchen, Raspeln, Zimbeln etc.)
Die Idee • Kinder lernen hier nicht nur, bewusst hinzuhören und zu lauschen, sondern auch, den Impuls des Hinschauens zu unterdrücken, denn mit geschlossenen Augen hören wir besser als mit geöffneten. Einfach mal ausprobieren!

Spielimpulse:

- Jedes Kind hat ein Instrument. Es steht, sitzt oder liegt mit geschlossenen Augen. Die Spielleitung tippt ein Kind an. Dieses öffnet die Augen und spielt auf seinem Instrument (z.B. Triangel, Klanghölzchen, Rassel usw.). Die anderen Kinder zeigen mit geschlossenen Augen in die Richtung des Klanges. Dies wird wiederholt, bis jedes Kind an der Reihe war.
- **Variante:** Die Spielleitung spielt zum Beispiel die Fortbewegungsart Gehen auf zwei Klangbausteinen (z.B. c 1 und g1 oder auf einem pentatonischen Xylophon), und die Kinder gehen dazu im Raum und spielen auf ihren Instrumenten im Rhythmus dazu. Hört die Musik der Spielleitung auf, bleiben sie stehen und schließen die Augen. Dann tippt die Spielleitung ein Kind an, welches auf seinem Instrument zu spielen beginnt. Die anderen Kinder zeigen in die Richtung des Klanges. Beginnt die Spielleitung wieder auf den Klangbausteinen zu spielen, bewegen sich die Kinder auf ihren Instrumenten spielend durch den Raum. Wiederholen, bis jedes Kind einmal mit der Spielvorgabe an der Reihe war.

Welches Kind spielt?

Material • Möglichst unterschiedliche Instrumente, die sich in Klang und Geräusch deutlich unterscheiden, für jedes Kind und die Spielleitung
Die Idee • Nicht nur die Instrumente werden zielsicher erkannt. Die Kinder merken sich mit Leichtigkeit auch die entsprechenden Kinder dazu.

Spielimpuls:

- Jedes Kind hat ein Instrument in der Hand. Die Spielleitung spielt verschiedene Fortbewegungsarten zum Beispiel auf einem pentatonischen Xylophon (Töne c, d, e, g, a), und die Kinder bewegen sich dazu im Raum. Hört die Musik auf zu spielen, bleiben alle Kinder stehen und schließen die Augen. Dann tippt die Spielleitung ein beliebiges Kind an. Dieses spielt auf seinem Instrument, und die anderen Kinder raten, welches Kind spielt.

Tipp:

Unwiderstehlich ist es bei diesem Spiel für die Kinder, mit ihren Instrumenten im Tempo der Bewegungsmusik mitzuspielen. Falls sie zu laut spielen, lautet eine Spielvariante, mal leiser zu spielen oder mal überhaupt nicht mitzuspielen.

Das Klänge-Verschenk-Spiel

Material • Metallinstrumente wie Zimbeln, Klangschalen, Metallophon-Klangbausteine, Becken und Triangel

Die Idee • Grundlegende nonverbale Kommunikationsformen werden bewusst in diesem Spiel gefördert, ohne die die menschliche Kommunikation nicht besonders erfolgreich wäre. Die Kinder lernen, dass Blicke und Gesten hilfreich sein können. Außerdem stärkt es das Selbstbewusstsein, jemand anderem einmal bewusst in die Augen zu schauen.

Spielimpulse:

- Die Kinder stehen oder sitzen im Kreis. Jedes Kind hat ein Instrument in der Hand. Die Spielleitung beginnt und spielt („verschenkt") mit ihrem Instrument, z.B. einer Triangel, einem beliebigen Kind einen Klang zu. Dieses fährt in der gleichen Weise fort, bis jedes Kind an der Reihe war.
- **Variante** als Auftakt zu einem Spiel mit unterschiedlichen Instrumenten: Das Klänge-Verschenk-Spiel in einfacher Ausführung ist eine sehr gute Spielform, um Kindern **Instrumente oder Materialien auszuteilen**, ohne dass sich alle gleichzeitig auf die Instrumente stürzen. Dabei verschenkt die Spielleitung jedem Kind einen Klang. Daraufhin sucht sich das Kind sein Material oder Instrument aus. Kinder, die sich leicht ablenken lassen, lernen, sich auf die Spielleitung zu konzentrieren, da sie sonst als Letzte an der Reihe sind.

Tipp:

Es ist günstig, das Spiel zuerst nur mit Instrumenten aus Metall zu spielen, da diese eine lange Klangdauer haben und die „Schenkgeste" hörbar unterstützen. Geeignete Instrumente sind: Triangel, Fingerzimbel, Becken, Metallophon-Klangbausteine, Glockenspiel. Später ist es möglich, das Spiel z.B. nur mit Klanghölzchen, Rasseln und Handtrommeln durchzuführen.

WISSEN KOMPAKT

Die Förderungsebenen beim Instrumentalspiel:

1. Das Umsetzen eigener Ideen in Ton, Klang und Geräusch fördert die Kreativität und stärkt gleichzeitig emotionale Kompetenzen.

2. Die Umsetzung des Rhythmus' auf das Instrument fördert feinmotorische Kompetenzen. Dabei wird die Hör- und Sehwahrnehmung mit der Körperwahrnehmung verknüpft (taktil-kinästhetische Wahrnehmung).

3. Beim gemeinsamen Spiel sind Anpassungsfähigkeit und Teamgeist („aufeinander hören") gefragt. Soziale Kompetenzen werden gestärkt.

4. Das Erinnerungsvermögen/Gedächtnis an auditive Abläufe wird gefördert ebenso wie – z. B. bei Klanggeschichten – die Konzentration und das Reaktionsvermögen („der richtige Einsatz").

5. Ein differenziertes Hörvermögen – die Unterscheidung von hohen/tiefen, lauten/leisen, kurzen/langen Tönen, Klängen und Geräuschen – ist eine wichtige Grundlage für die Sprachentwicklung und die Basis für das Lesen- und Schreibenlernen.

Musikalische Nachbargespräche

Material • Für jedes Kind und die Spielleitung ein Instrument (z. B. Meckerpferdchen, Flex-A-Tone, Waldteufel, Raspeln etc.)

Die Idee • Es macht Spaß und es ist witzig, dieses Spiel mit möglichst unterschiedlichen Instrumenten umzusetzen. Eine „Trommel" neben einem „Windspiel": Wie können die sich unterhalten? Wenn möglichst unterschiedliche Instrumente „miteinander sprechen", dann kommt eine gewisse Spannung auf, die alle in den Bann zieht.

Spielimpuls:

- Die Kinder sitzen im Kreis. Jedes Kind hat ein Instrument in der Hand. Die Spielleitung spielt den Ablauf einmal exemplarisch vor, indem sie mit dem Kind zur rechten Seite auf den Instrumenten einen Dialog improvisiert: mal traurig, mal wütend, mal auffordernd treten die Instrumente miteinander in ein klang- und geräuschhaftes Gespräch.
  Dann verabschiedet sich die Spielleitung mit einem freundlichen Kopfnicken und wendet sich dem Kind zur Linken zu. Die beiden spielen wie oben beschrieben miteinander. Möchte das Kind nicht mehr spielen, so beendet es das Spiel, indem es der Spielleitung freundlich zunickt. In dieser Abfolge wird nun im Kreis weitergespielt, bis die Reihe wieder bei der Spielleitung ist.

Tipp:

Die Spielleitung sollte ihr Spiel auf dem Instrument mit intensiver Mimik unterstützen (zum Beispiel schüchtern sein, wütend werden etc.), damit die Kinder sich ebenfalls trauen, mit ihren Emotionen spielerisch umzugehen und diese klanglich auf das Instrument zu übertragen. Bei einem anschließenden Gespräch über das Erlebte lernen die Kinder, ihre Gefühle und die der anderen wahrzunehmen, zu benennen, einzuordnen und zu reflektieren.

Die Rhythmus-Kette

Material • Klanghölzchen für jedes Kind oder andere Instrumente
Die Idee • Dies einfache Spiel ist eine faszinierende und beglückende Erfahrung der Selbstwirksamkeit für jedes Kind.

Spielimpulse:

- Die Kinder sitzen oder stehen im Kreis. Jedes Kind hat ein Instrument in der Hand. Die Spielleitung gibt durch Antippen an der Schulter einem beliebigen Kind den Spieleinsatz. Dieses spielt auf seinem Instrument einen Rhythmus. Hat sich der Rhythmus gefestigt, tippt die Spielleitung das Nachbarkind an. Dieses spielt auf seinem Instrument den Rhythmus des ersten Kindes mit. Dies geht so weiter, bis alle Kinder auf ihren Instrumenten spielen.
  Um das Spiel zu beenden, tippt die Spielleitung der Reihe nach die Kinder wieder an. Die angetippten Kinder hören dann auf zu spielen.
- **Variante:** Ein Kind gibt durch Antippen an der Schulter die Spieleinsätze.

Tipp:

Es ist günstig, das Spiel zuerst nur mit Klanghölzchen zu spielen, da diese eine kurze Klangdauer haben und sich die Kinder den Rhythmus gut einprägen können.
Spielen alle Kinder, kann die Spielleitung Hinweise zur Spielweise vorgeben:
laut oder leise spielen,
schnell oder langsam.

WISSEN KOMPAKT

Selbstwirksamkeit

Kinder entwickeln „automatisch“ ein positives Selbstwertgefühl, wenn sie sich von klein auf in ihren Aktivitäten, in ihrem „Forscherdrang“, unterstützt fühlen und Selbstwirksamkeit – „Ich kann etwas bewegen!“ – erleben. Selbstwirksamkeitserfahrungen sind ein grundlegender Baustein für eine positive Entwicklung der Persönlichkeit. Denn das Erleben, selbst etwas bewirken zu können, motiviert die Kinder, stärkt das Selbstbewusstsein und fördert die Entwicklung von Autonomie.

Es sind bereits kleinste bewusste Erfahrungen mit der eigenen Stimme, dem Körper, mit Bewegungen, Wahrnehmungen und Gefühlen, in denen sich die Kinder als selbstwirksam erleben können. Die Kreativität wird durch das Umsetzen eigener Ideen mit Materialien oder auf Instrumenten angeregt. So tönt „meine Idee“! Durch das Improvisieren, Experimentieren und Erfinden eröffnen sich im Erleben von Rhythmik und Musik vielfältige Erfahrungen, die das Selbstwertgefühl stärken. Besonders wichtig ist dabei die enge Verbindung verschiedener Wahrnehmungsbereiche (Hören, Sehen) mit Gefühlen. Wenn die Kinder lernen, ihre eigenen Emotionen zu erkennen und zu benennen, sind sie in der Lage, ihre Bedürfnisse zu artikulieren und empfinden sich nicht als ohnmächtig einer Situation ausgeliefert. Im Kontext einer Wechselwirkung von Eigen- und Fremdwahrnehmung in der Gruppe werden selbstbildende Prozesse in der Rhythmik erlebt und gefördert.

Klangteppich

Material • Für jedes Kind und die Spielleitung ein Instrument, die sich vom Klang und Geräusch deutlich unterscheiden, Becken für die Spielleitung
Die Idee • Aufbauend auf dem Klänge-Verschenk-Spiel (siehe S. 48) spielen alle Kinder, sobald sie einen Klang geschenkt bekommen haben, einfach weiter, sodass sich ein Klangteppich entwickelt.

Spielimpulse:

- **Klangteppich weben:** Die Kinder sitzen im Kreis und halten beliebige Instrumente in der Hand. Ein Kind beginnt und spielt einen Rhythmus auf seinem Instrument. Dann verschenkt es einen Klang an ein anderes Kind im Kreis, und dieses beginnt ebenfalls auf seinem Instrument zu spielen. Das zweite Kind verschenkt nun einem dritten Kind einen Klang, und sie spielen zu dritt. Dieser Ablauf wird so lange wiederholt, bis alle Kinder mitspielen. Spielt die Spielleitung einmal laut auf dem Becken, hören alle auf zu spielen.
- **Klangteppich auflösen:** Spielen alle Kinder, hört das zuletzt eingesetzte Kind auf zu spielen und legt sein Instrument zur Seite. Dann blinzelt es dem Kind zu, von dem es den Klang geschenkt bekommen hat. Auch dieses hört auf zu spielen und blinzelt wiederum dem Kind zu, von dem es seinen Klang geschenkt bekommen hat. Dies wird wiederholt, bis alle aufgehört haben zu spielen.

Tipp:

Das Auflösen des Klangteppichs ist sozusagen die „Kür" und sollte erst nach mehrmaligem „Weben" umgesetzt werden. Es ist eine große Herausforderung für die Merkfähigkeit, die richtige Reihenfolge einzuhalten.

Dirigentenspiele

Material • Für jedes Kind ein Instrument

Die Idee • Bei dieser Spielform können die Kinder als Dirigenten Selbstwirksamkeit erfahren und Selbstbewusstsein „tanken“.

Spielimpulse:

- Die Kinder sitzen oder stehen im Halbkreis und haben jeweils ein Instrument in der Hand. Ein Kind stellt sich als Klang-Dirigent vor das „Orchester“ und gibt mit Gesten die Spieleinsätze und die Ausführungsart an:
  - Laut oder leise spielen (Dynamik) = große oder kleine Gesten
  - Lauter oder leiser werden (crescendo/decrescendo) = größer und kleiner werdende Gesten
  - Langsam oder schnell spielen (Tempo) = schnelle oder langsame Gesten
  - Langsamer oder schneller werden (ritardando/ accelerando) = schneller oder langsamer werdende Gesten
  - Alleine oder gemeinsam spielen (solo/tutti) = auf ein Kind oder auf alle Kinder zeigen

Tipp:

Das Dirigentenspiel kann sehr gut bei einem Projekt als musikalisches Angebot umgesetzt werden. Je nach Thema dirigieren die Kinder z. B. das Regen-, Donner-, Jahreszeiten-, Schnee- oder ein Tierorchester. Den einzelnen Tieren oder Geschehnissen werden passende Instrumente zugeordnet (z. B. Donner = große Trommel/Pauke; Wind = Glockenspiel).

Bewegungs-Dirigent

Material • Für jedes Kind ein Instrument (Metallinstrumente, Rasseln, Spring-Drum oder Gewittertrommel und Klanghölzchen, evtl. Handtrommeln)
Die Idee • Ein tolles Spiel für das Erlebnis von Selbstwirksamkeit. Je nach Bewegung reagiert das „Orchester".

Spielimpulse:

- Die Kinder sitzen oder stehen im Halbkreis und haben beliebige Instrumente in der Hand. Ein Kind stellt sich als „Bewegungs-Dirigent" vor das „Orchester" und bewegt sich in der Kreismitte auf charakteristische Weise, z. B. als Tier oder Gestalt (Gespenst, Pferd, Löwe). Die Instrumentalisten spielen in entsprechender Weise (Stimmung oder Bewegungsrhythmus) dazu.

- **Im Gespensterschloss:** Glockenspiel, Triangel, Glöckchen, Metallophon-Klangbausteine und Trommeln an die Kinder verteilen (sehr schön passt eine Gewitter-Trommel oder Spring-Drum):
  - → Der Bewegungsdirigent als „Gespenst" geht „schwebend" durch den Raum – Spiel auf Metallinstrumenten.
  - → Das „Gespenst" macht furchterregende Grimassen – alle spielen laut (vor allem die Spring-Drum).
  - → Das „Gespenst" verschwindet (sich im Raum verstecken) – alle spielen immer leiser und leiser, bis es still ist.

- **Auf der Pferdewiese:** Das Pferd eignet sich mit seinen Gangarten Schritt, Trab und Galopp ganz besonders gut für ein thematisches Spiel. Dabei haben alle Kinder günstigerweise Klanghölzchen oder Handtrommeln. Ein Kind als Bewegungsdirigent bewegt sich als Pferd in der Kreismitte. Die Kinder begleiten die Bewegungen des Pferdes.

Das Solisten-Spiel

Material • Eine Trommel (z. B. Djembe) oder ein anderes interessantes Instrument, Xylophon

Die Idee • Ohne vorherige Absprache kommt ein Kind nach dem anderen in die Kreismitte und spielt auf dem Instrument. Die anderen hören und schauen zu. Das ist eine große Herausforderung für die achtsame Wahrnehmung und fördert die sozialen Kompetenzen.

Spielimpulse:

- Ein Instrument oder verschiedene Instrumente liegen in der Kreismitte. Die Spielleitung spielt auf Klangbausteinen oder pentatonischen Tönen (siehe Wissen kompakt S. 37) auf einem Xylophon (alle Töne: c-d-e-g-a) zu den Fortbewegungsarten Gehen, Laufen, Hüpfen. Die Kinder bewegen sich dazu. Hört die Musik auf zu spielen, bleiben alle stehen. Erst dann geht ein beliebiges Kind als Solist in die Kreismitte und spielt auf beliebige Weise auf einem Instrument. Fängt die Spielleitung wieder an zu spielen, legt es sein Instrument zurück und es bewegen sich wieder alle Kinder. So lange spielen, bis alle Kinder an der Reihe waren.
- **Varianten:**
  - → Spielt ein Kind in der Kreismitte, bleiben die anderen Kinder wie „erstarrt“ stehen.
  - → Spielt ein Kind in der Kreismitte, bewegen sich die Kinder dazu, z. B. paarweise.

Tipp:

Dieses Spiel eignet sich hervorragend, um eine kurzweilige Explorationsphase zum Beispiel zur Vorstellung eines Instrumentes (wer hat schon 20 Djemben?) mit einer Kindergruppe umzusetzen. Ebenso kann es auch mit einem Material (Märchenwolle schweben lassen, einen Reifen zum Drehen bringen, Fühlsäckchen betasten und sprachlich kommentieren etc.) angeboten werden.

Spiele mit afrikanischen Wörtern und Instrumenten

Material • 1 Rassel, 1 Kuhglocke mit Schlägel (alternativ Triangel), 1 Becken mit Schlägel, 1 große Trommel (Djembe)

Die Idee • Auch Wörter eignen sich zum „Dirigieren“. In diesem Spiel kommen Wörter aus der Sprache Kisuaheli zum Einsatz, die sich leicht merken lassen.

Spielimpulse:

- **Bewegungsspiel:** Die Kinder stehen im Raum verteilt. Die Spielleitung spricht die afrikanischen Wörter (Kisuaheli) und bewegt sich dazu auf die beschriebene Weise. Die Kinder ahmen nach.

Ki-bi-ri-ti (kisuaheli: Feuerzeug)	*Durch den Raum hüpfen*
Ha-ra-ka (kisuaheli: schnell)	*Durch den Raum rennen*
Po-le, po-le (kisuaheli: langsam)	*Durch den Raum schreiten*
Ta-fa-da-li (kisuaheli: bitte schön!)	*Durch den Raum gehen*

- **Instrumentalspiel:** Auf vier Kinder sind Instrumente verteilt: eine Rassel für das Wort „Kibiriti“; eine afrikanische Eisen- oder eine Kuhglocke für das Wort „Haraka“, ein Becken für das Wort „Pole-pole“, eine große oder eine afrikanische Trommel (Djembe) für das Wort „Tafadali“.
  Ein fünftes Kind gibt durch Dauer des Streichens über den Rücken die Spieleinsätze (mindestens 30 Sekunden streichen).

Die anderen Kinder führen dazu folgende Bewegungen aus und sprechen wenn möglich mit der Spielleitung das Wort im entsprechenden Tempo der Bewegung mit:

- „Kibiriti" – (Caxixi im Hüpfrhythmus spielen) – hüpfen
- „Haraka" – (Mit Eisenglocke im Lauftempo rasch spielen) – rennen
- „Pole-pole" – (Becken langsam anschlagen) – schreiten
- „Tafadali" – (Trommel im Gehtempo) – gehen

Tipp:

Je nach Alter der Kinder und Gruppengröße kann die Anzahl der Instrumentalisten verringert werden. Vereinfacht wird das Spiel durch das Weglassen von Wörtern/Rhythmussilben: Kinder ab 5 Jahren können alle vier Rhythmussilben sprechen, jüngere Kinder haben Spaß mit dem Klang von „Pole-pole" und „Tafa-dali".

Wahrnehmungsspiele mit Caxixis

Material • 1 Caxixi für jedes Kind

Die Idee • Caxixis sind leichte Korbrasseln, die nicht so schnell kaputtgehen. Schön ist, dass sie beim Werfen und Rollen natürlich auch ein feines Rasseln von sich geben, was den Bewegungsimpuls hörbar macht. Ein multisensorisches Spiel.

Spielimpulse:

- Die Spielleitung spielt auf Metallophon- und Xylophonklangbausteinen pentatonische Töne (alle Töne: c-d-e-g-a) zu den Fortbewegungsarten Gehen, Laufen, Hüpfen (siehe Kap. 2). Die Kinder bewegen sich dazu im Raum. Hört die Musik auf zu spielen, bleiben sie stehen und führen folgende Spielvarianten aus:

  1. Die Kinder werfen die Caxixi hoch und fangen sie auf. Dazu sprechen sie beim Werfen „Hopp – hopp ...“

  2. Die Kinder bilden rasch Paare und werfen sich gegenseitig die Caxixis zu. Dazu sprechen sie im Rhythmus des Werfens:
  „Und ... (Mit den Armen zum Wurf ausholen und) hopp!“ (Caxixi dem Partner zuwerfen).

  2. Die Kinder legen die Caxixi auf den Boden und rollen sie durch den Raum, indem sie sie mit der Nase anstoßen.

  4. Die Kinder balancieren die Caxixi auf dem Kopf und schreiten damit durch den Raum.

  Hinweis: Am Anfang ist es günstig, zuerst nur zwei Spielvarianten auszuführen.

- Die Spieldurchführung kann nach und nach um je eine Aufgabe erweitert werden:
Hört die Musik auf zu spielen, ruft die Spielleitung für die 1. Aufgabe: „Hopp!“, für die 2. Aufgabe: „Und Hipp“. Für die Aufgabe 3 rollt sie die Caxixi vor sich auf dem Boden, und für die Aufgabe 4 stellt sie sich die Caxixi auf den Kopf. Die Kinder reagieren entsprechend.

Tipp:

Das Spiel kann auch mit anderen Instrumenten und/oder Materialien durchgeführt werden: mit Nylontüchern (mit angepassten Bewegungen), Schweifbällen, Schaumstoffbällen (Durchmesser: 16 cm), mit Koosh-Bällen oder Chicken-Shakes (Plastikrasseln in Ei-Form).

Was die Trommel alles kann

Material • Für jedes Kind eine Handtrommel, Xylophon für die Spielleitung
Die Idee • Ein einfaches Spiel, das die Merkfähigkeit der Kinder („Was mache ich bei welchem Signal?“) fördert.

Spielimpulse:

- Die Kinder stehen im Raum verteilt und jeder legt seine Handtrommel vor sich auf den Boden. Die Spielleitung spielt auf dem Xylophon pentatonische Töne (c-d-e-g-a) zu den Fortbewegungsarten Gehen, Laufen, Hüpfen, Galoppieren oder verwendet eines der Bewegungslieder und Reime zu den Fortbewegungsarten (siehe Kap. 2). Die Kinder bewegen sich im Raum dazu. Hört die Musik auf zu spielen oder ist der Reim/das Lied zu Ende, läuft jeder zur eigenen Trommel zurück.
  - → Spielt die Spielleitung rasche hohe Töne auf dem Xylophon, trommeln alle rasch mit den Fingern auf der Trommel.
  - → Spielt die Spielleitung rasche tiefe Töne auf dem Xylophon, experimentieren die Kinder mit der Trommel (kratzen, wischen, streichen).
- Weitere Ausführungsideen der Kinder werden aufgenommen.

PRAXISTIPP

MATERIALIEN / INSTRUMENTE AUSTEILEN UND EINSAMMELN – SO GELINGT'S

Jeden Tag dieselbe Situation: Das Austeilen von Gegenständen und das Einsammeln. Da sind Konflikte unter Kindern vorprogrammiert. Es ist vielleicht am Anfang eine Umstellung des eigenen Handlungsrepertoires, aber es lohnt sich, mit Hilfe einfacher Wahrnehmungsspiele diese Situation zu entschärfen.

Materialien und Instrumente austeilen/einsammeln

- Die Kinder stehen im Kreis. Wird ein Kind berührt, darf es sich einen Gegenstand/Instrument aus der Kreismitte holen oder in die Kreismitte zurücklegen.

- Die Spielleitung verschenkt einen Klang (siehe S. 48) und das beschenkte Kind holt sich einen Gegenstand/Instrument aus der Kreismitte oder legt ihn zurück.

- Taktiles Ratespiel „Wer läuft auf meinem Rücken?“: Die Spielleitung tippt rasch mit den Fingern als Maus oder schlängelt mit ihrer Hand als Schlange über den Rücken eines Kindes. Das jeweilige Kind rät und kann sich im Anschluss einen Gegenstand/Instrument aus der Kreismitte holen oder dorthin zurücklegen (beim Raten bitte nicht zu strenge Maßstäbe ansetzen).

- Die Kinder stehen mit geschlossenen Augen im Raum verteilt. Die Spielleitung tippt jedes Kind einzeln an. Daraufhin öffnet dies seine Augen und holt sein Material/Instrument aus der Kreismitte oder legt es dort ab.

Die Ritualisierung dieser Situationen schont nicht nur die eigenen Nerven, sondern fördert auch die soziale Kompetenz der Kinder (abwarten können, Frustrationstoleranz, Empathie).

Klopf-Post

Material • Für jedes Kind ein Paar Klanghölzchen
Die Idee • Volle Konzentration voraus! Die Körperwahrnehmung und soziale Kompetenzen werden hier gefördert.

Spielimpuls:

- Die Kinder sitzen im Kreis hintereinander und haben jeweils ein Paar Klanghölzchen in der Hand. Ein Kind beginnt und klopft dem vor ihm sitzenden Kind einen Rhythmus auf den Rücken. Dieser Rhythmus wird auf den Rücken des nächsten Kindes geklopft. Das wird so lange gemacht, bis die „Klopf-Post" beim Absender wieder angekommen ist und dieser es mit der „Klopf-Eingabe" verglichen hat. Das gesamte Spiel wird wiederholt, bis jedes Kind mit seiner „Klopf-Post" an der Reihe war. Die Kinder haben so lange die Augen geschlossen, bis sie den gespürten Klopfrhythmus an das vor ihnen sitzende Kind weitergeben.
  Zum Einstieg spielt die Spielleitung zuerst einen kurzen Rhythmus.

Tipp:

Spielt das Sender-Kind einen zu langen Rhythmus, nimmt die Spielleitung den Anfang des Rhythmus' auf und spielt ihn nochmals vor.

Verzaubert

Material • Klangbausteine oder Metallophon mit den Tönen c, d, e, g, a (pentatonisch), evtl. Hut für den Zauberer
Die Idee • Ein witziges Spiel, das Sprache, Kreativität und soziale Kompetenzen fördert.

Spielimpuls:

- Ein Kind als Zauberer – ein Zauberhut intensiviert noch die Wirkung – spielt auf dem Metallophon eine „Zaubermelodie". Die Kinder bewegen sich dazu. Hört die Musik auf zu spielen, bleiben die Kinder stehen und werden vom „Zauberer" mit einem Zauberspruch verzaubert, z. B.: *„Abrakadabra – jetzt seid ihr alle Löwen!"* Daraufhin bewegen sich die Kinder als Löwen durch den Raum. Spielt die Spielleitung ein Signal auf dem Becken, sind alle „Löwen" wieder Kinder. Mehrmals, jeweils mit einem anderen Zauberer, wiederholen.

Traummusik

Material • Metallinstrumente wie Becken, Zimbeln, Triangel, Glockenspiel

Die Idee • Ein Spiel, das den Kindern hilft, „runterzukommen“, obwohl sie sich bewegen dürfen.

Spielimpuls:

- Ein Kind spielt auf einem Becken, einem Glockenspiel oder der Triangel eine „Traummusik“. Die anderen Kinder bewegen sich im Raum dazu. Ist die Traummusik zu Ende, schließen die Kinder die Augen und bleiben stehen. Daraufhin tippt das Kind ein anderes Kind an. Dieses öffnet die Augen, nimmt das Instrument und spielt seine Traummusik. Dies wird wiederholt, bis jedes Kind an der Reihe war.

Zaubermusik

Material • Metallinstrumente wie Becken, Zimbeln, Triangel, Glockenspiel und weitere beliebige Instrumente

Die Idee • Ein wunderbares Spiel, das auch die Kreativität fördert. Es kann eine zauberhafte Komposition entstehen, was das gemeinsame Erleben und das Gemeinschaftsgefühl der Gruppe stärkt.

Spielimpulse:

- Die Kinder sitzen mit geschlossenen Augen im Kreis und haben ihre Instrumente (Becken, Zimbeln, Triangel, Glockenspiel) vor sich liegen. Werden sie von der Spielleitung angetippt, spielen sie möglichst mit geschlossenen Augen auf dem Instrument. Werden sie zum zweiten Mal angetippt, hören sie auf zu spielen.
- **Varianten:**
  - → Es spielen mehrere Kinder gleichzeitig.
  - → Ein Kind gibt durch Antippen die Spieleinsätze.
  - → Instrumententausch.
- **Instrumentenwechsel:** Damit die Kinder wegen der häufigen Wiederholung „am Ball bleiben“, wird nach jeder Wiederholung das Instrument in eine gleichbleibende Richtung im Kreis weitergereicht.

Tipp:

Dieses Spiel kann mit beliebigen anderen Instrumenten durchgeführt werden. Mit Rasseln und Trommeln könnte dann beispielsweise eine Urwaldmusik entstehen.

Kapitel 4

Berühren, bewegen, fühlen und hören – Musik erleben mit allen Sinnen

Vielfältiges und interessantes Material aktiviert, lockt und reizt die Kinder zum Experimentieren, zur Bewegung und zum kreativen schöpferischen Tun. Formen, Farben, Gewicht und Geräusche werden im fantasievollen Spiel mit allen Sinnen erfahren. In jedem Gegenstand stecken spezielle Eigenschaften und Gesetzmäßigkeiten, die beim Spielen bestimmte Bewegungsabläufe und Verhaltensweisen auslösen. Wir passen uns an die Gesetzmäßigkeiten zum Beispiel eines Tuches an: Beim Spiel mit einem Tuch werden die Bewegungen weicher und flüssiger.

In Kombination mit musikalischen Signalen und den Fortbewegungsarten eröffnen spielerische Materialerfahrungen multisensorische Erfahrungen.

PRAXISTIPP

WAHRNEHMUNGSSPIELE MIT MATERIALIEN

- Einige der im Folgenden vorgestellten Spiele lassen sich auch mit anderen Materialien umsetzen: Das Hasennest (S. 69) kann auch aus Seilen gelegt werden oder mit Materialien aus der Umwelt (z. B. Joghurtbecher, Raschelfolie), der Natur (z. B. Nüsse, Äste, Steine). Gleiches gilt für „Die Rückenmaler“ (S. 71) oder „Das Labyrinth“ (S. 72). Die faszinierende Umsetzungsvielfalt lädt zum Ausprobieren ein.
- Geben Sie den Kindern in jedem Fall genügend Zeit zum Experimentieren mit dem Material, zum Ausprobieren, be-greifen und zum eigenen Erleben.

Spiel mit Reifen: Der Hase läuft, so schnell er kann

Material • Für jedes Kind einen Reifen, Xylophon, Becken
Die Idee • Als „Hase" muss man flexibel sein! Bei diesem Spiel ist die Verbindung von Sehen und Hören mit den entsprechenden Bewegungen besonders intensiv. Gleichzeitig ist es spannend, aber nicht zu spannend für jüngere Kinder (es wird kein Kind in die Rolle des Fuchses gesteckt). Arbeiten Sie sich über einen längeren Zeitraum durch die Varianten. Die Kinder werden es lieben!

Spielimpulse:

- Die Kinder sind im Raum verteilt und sitzen als „Hasen" in ihrem „Hasennest" (Reifen). Die Spielleitung spielt auf dem Xylophon in pentatonischer Stimmung zur Fortbewegungsart Laufen (siehe S. 32–45). Die „Hasen" laufen im Raum umher. Hört die Musik auf zu spielen, hüpfen alle „Hasen" in ihr „Hasennest".
- **Varianten:**
  - Hört die Musik auf zu spielen, hüpfen die „Hasen" in ein fremdes „Hasennest".
  - Hört die Musik auf zu spielen, hüpfen die „Hasen" zu zweit in ein „Hasennest".
  - Hört die Musik auf zu spielen, bleiben die „Hasen" wie versteinert stehen. Ertönt ein Becken oder Spring-Drum, bewegen sie sich schnell in ihr Nest.

Tipp:

Dieses Spiel ist ein Alleskönner! Es kann mit beliebigen anderen Tieren, z. B. Fuchs, Dachs, Maus ganz spontan eine Idee der Kinder aufnehmend umgesetzt werden.

Spiel mit Seilen: Die Rückenmaler

Material • Für jedes Kind ein Seil, für die Varianten Xylophon, Becken oder große Trommel

Die Idee • Ein Spiel aus der Heilpädagogischen Rhythmik von Mimi Scheiblauer. Einmal verstanden, werden es die Kinder lieben!

Spielimpulse:

- **Rückenmaler/in:** Die Kinder gehen zu zweit zusammen und setzen sich jeweils hintereinander. Das vordere Kind hat ein Seil vor sich liegen. Es schließt die Augen und das hintere Kind malt mit dem Zeigefinger eine einfache Form (Kreis, Viereck, Sonne, Haus, Schnecke, Herz usw.) auf den Rücken. Das vordere Kind legt die gespürte Form mit dem Seil nach. Rollenwechsel.

- **Varianten:**
  - **Spüren mit den Füßen:** Die Kinder gehen zu zweit zusammen. Ein Kind schließt die Augen und das andere legt eine beliebige Form mit ein oder zwei Seilen auf den Boden. Dann tastet das „blinde" Kind mit den Fußsohlen die Form ab. Anschließend wird das Gespürte mit geschlossenen Augen nachgelegt. Im Anschluss werden die gelegten Seilformen miteinander verglichen.
  - **Rückenmaler/in mit Fortbewegungsarten:** Die Spielleitung spielt auf dem Xylophon in pentatonischer Stimmung zu den Fortbewegungsarten Gehen, Laufen, Hüpfen (siehe Kap. 2). Die Kinder haben ein Seil in der Hand und bewegen sich zur Musik im Raum. Hört die Musik auf, setzen sie sich auf den Boden und schließen die Augen. Die Spielleitung tippt daraufhin ein Kind an. Dieses öffnet die Augen und malt mit dem Zeigefinger jedem Kind die gleiche Form (siehe oben) auf den Rücken. Die Kinder legen dann das Gespürte mit dem Seil nach. Auf ein Signal mit der Zimbel öffnen alle Kinder die Augen und vergleichen die gelegten Seilformen miteinander.

Spiel mit Seilen: Das Labyrinth

Material • Für jedes Kind ein Seil, für die Varianten Klanghölzchen und beliebige andere Instrumente

Die Idee • „Labyrinthe“ faszinieren Kinder von klein auf. Beim ersten Spielimpuls wird das Kind, das im Auge des Labyrinths angekommen ist, mit einer Pauke oder einem Becken begrüßt. Dies bewirkt eine positive Selbstwirksamkeitserfahrung.

Spielimpulse:

- Die Kinder legen mit Hilfe der Spielleitung ein Labyrinth aus Seilen. Anschließend geht ein Kind in das Labyrinth hinein. Ist es in der Mitte angekommen, spielt die Spielleitung oder ein weiteres Kind ein lautes Signal, beispielsweise einen Trommelwirbel auf einer großen Trommel oder dem Becken als „Zielklang“. Anschließend geht das Kind wieder aus dem Labyrinth hinaus. Dies wird so lange wiederholt, bis jedes Kind an der Reihe war.
- **Variante:** Die Kinder begleiten die Schritte des Kindes, das in das Labyrinth geht, mit einem Klang, zum Beispiel auf Klanghölzchen oder anderen Instrumenten.

WISSEN KOMPAKT

Materialerfahrung in der Rhythmik

Die Rhythmikerin Mimi Scheiblauer (1891–1968) hat die jedem Menschen zugänglichen und erfahrbaren Gesetzmäßigkeiten der Bewegung, des Materials und der Schwerkraft (Raum, Zeit, Kraft und Form) in ihrer heilpädagogischen Rhythmik eingesetzt. Musik und Material waren gleichberechtigte Partner in ihrem Rhythmikunterricht. Sie wählte einfache Spielgeräte (Reifen, Holzkugel, Tücher, Verschränkstäbchen / Rhythmikspanstäbchen, Seile, Schlaghölzchen / Klanghölzchen, Bälle usw.) und setzte sie im elementaren Spiel ein.

Auf diese Weise bekam Mimi Scheiblauer auch Zugang zu geistig schwerstbehinderten Menschen, da sie durch das spezifische Aufgabenangebot nicht in eine Überforderungssituation gebracht wurden.

Dieser Ansatz, Kindern elementare Selbstwirksamkeitserfahrungen zu ermöglichen, ist heutzutage auch für „normale“ Kindern von großer Bedeutung. Durch den Einfluss der Medien und deren rasante visuelle und auditive Reize, tut es ihnen sehr gut, wenn sie die Chance bekommen, sich in ihrem Handeln, in ihrer Auseinandersetzung mit der Umwelt zu fokussieren.

Spiel mit Tüchern: Die Bienen fliegen

Material • Für jedes Kind mehrere Nylontücher in allen Farben, 1–2 Seile
Die Idee • Kinder lieben es, ein Nest zu bauen und dann „auszufliegen“. Das Wechselspiel von Geborgenheit, Sicherheit und Aufbruch ins Neue können die Kinder hier emotional erleben und für sich individuell verarbeiten. Dabei wird die Wechselwirkung des Hör- und Bewegungssinnes spielerisch gefördert.

Spielimpuls:

- Die Kinder gehen zu zweit oder zu dritt zusammen. Die Gruppen verteilen sich im Raum und legen aus Nylontüchern und Seilen bunte Blumen. Die Spielleitung markiert in einer Raumecke am Boden mit Seilen ein Bienenhaus. Die Kinder (Bienen) gehen in den Bienenstock hinein. Dann spielt die Spielleitung auf den pentatonischen Tönen (c-d-e-g-a) eines Metallophons zur Fortbewegungsart Laufen (siehe S. 32–34). Die „Bienen“ schwärmen aus dem Bienenstock aus und „fliegen“ (Hände seitlich mit schnellen Auf-und-ab-Bewegungen) um die Blumen herum.
  Hört die Musik auf zu spielen, suchen sich die „Bienen“ ihre Blume und setzen sich vorsichtig darauf. Beginnt die Musik erneut zu spielen, fliegen die „Bienen“ zurück in den Bienenstock.
- **Varianten:**
  - Auf der Blume liegen einige Sandsäckchen (Pollen oder Nektar), die die „Bienen“ dann in den Bienenstock transportieren.
  - Spielt die Spielleitung auf einer Rassel, fliegen die „Bienen“ im Raum herum. Hört die Rassel auf zu spielen, landen sie auf einer „fremden“ Blume. Spielt die Spielleitung wieder auf dem Metallophon, fliegen sie zurück in den Bienenstock.

Der Ball-Akrobat

Material • Für jedes Kind 1 Ball und 1 Chiffontuch; 2–4 Handtrommeln, 2–3 Rainmaker oder Rasseln, 1 Glockenspiel

Die Idee • Bälle faszinieren Kinder. Dieses Angebot verknüpft auf spielerische Weise ein auditives Wahrnehmungsspiel mit dem Koordinieren der Bewegung.

Spielimpulse:

- Nach einer ausgiebigen gemeinsamen Spielphase, bei der das Prellen, Rollen und Werfen mit dem Ball erprobt wird, setzen sich die Kinder in den Sitzkreis. Sie werden in drei Gruppen eingeteilt. In der ersten Gruppe hat jedes Kind eine Handtrommel, in der zweiten Gruppe Rainmaker / Rasseln und in der dritten Gruppe Glockenspiel / Metallophon / Zimbel. Ein Kind tritt mit einem Ball als „Ball-Akrobat" vor das Orchester und dirigiert mit folgenden Bewegungen:
  - mit dem Ball prellen – *auf der Handtrommel ein Tremolo spielen, dann einen lauten Akzent*
  - mit dem Ball rollen – *mit dem Rainmaker oder Rasseln spielen*
  - den Ball werfen – *auf dem Glockenspiel rasche Glissandi von unten nach oben oder mit Metallophon und Zimbeln spielen.*

Tipp:

Für das Zusammenspiel von Orchester und „Ball-Akrobat" ist es günstig, wenn der „Ball-Akrobat" längere Phasen von ca. 1 Minute zu einer der drei Bewegungen ausführt.

WISSEN KOMPAKT

Sinn(en)reiche Materialerfahrungen

Wir können Material erspüren

Die Haut ist unser größtes Organ und gibt uns viele Informationen unserer Umwelt.

Auch ohne uns zu bewegen, verspüren wird Druck, Zug, Stich, Schlag, Vibration oder Reibung. Gleichzeitig nehmen wir die Beschaffenheit des Materials wahr. Es kann ein rauer, glatter, harter, weicher, runder, eckiger oder spitzer Gegenstand sein. Tiefere Schichten des Gewebes und die Wahrnehmung der Gliedmaßenstellung und die Innenwahrnehmung unseres Körpers vermitteln uns das subjektive Körperempfinden.

Beim bewussten Tasten versuchen wir, den Gegenstand im wahrsten Sinne des Wortes zu be-greifen, indem wir die Oberflächenbeschaffenheit (klebrig, trocken, feucht, scharf, glatt, rau usw.), die Form (rund, unregelmäßig, eckig usw.) und die Materialeigenschaften (biegsam, starr, weich, hart, elastisch, Gewicht, Menge, Temperatur usw.) wahrnehmen.

Wir können Material ertasten und durch unser Gehör erraten

Weitere Aufschlüsse über die Beschaffenheit gibt uns das Erzeugen von Klängen oder Geräuschen mit dem Material. Ein Material mit hoher spezifischer Dichte, z. B. aus Metall, hört sich anders an als z. B. Klanghölzchen. Oder das Geräusch von unterschiedlichen Rasseln gibt uns Auskunft über die Menge und Konsistenz des Rasselinhaltes: Eine aus Bast geflochtene Caxixi, die mit Samenkörnern gefüllt ist, hört sich anders an als eine Büchsenrassel, die Metallkügelchen enthält.

Wir können Material ertasten, durch unser Gehör erraten und sehen

Durch das Hinzunehmen einer weiteren Sinneswahrnehmung, das Sehen, sind wir in der Lage, eine noch umfassendere Information über das Material zu erhalten. Die visumotorische Umsetzung zum Beispiel beim Spielen auf einem Instrument wird hier im besonderen Maße gefördert.

Spiele mit Pappröhren oder Boomwhacker

Material • Für jedes Kind 1 Boomwhacker oder 1 Pappröhre (die sich möglichst in Durchmesser und Länge voneinander unterscheiden)

Die Idee • Ein Rohr kann als Lausch- oder Sehrohr die beiden Fernsinne aktivieren und die Kinder auf diese beiden Sinneswahrnehmungen bewusst einstimmen. Pappröhren sind ein günstiges und vielseitiges Material. Sie können vorher angemalt und mit Steinen und Federn geschmückt werden!

Spielimpulse:

- **Lauschrohr:** Die Kinder sitzen im Kreis und halten jeweils eine Pappröhre in den Händen. Sie lauschen durch die Pappröhre. Spielt die Spielleitung ein Signal auf einem Becken, gibt jedes Kind seine Pappröhre nach rechts an seinen Nachbarn weiter. Dies wird so lange wiederholt, bis jedes Kind durch alle Pappröhren gelauscht hat (das zu hörende Rauschen variiert je nach Dicke und Länge der Röhren).
  → **Variante:** Ein Kind spielt das Signal zum Weitergeben auf dem Becken.

- **Sehrohr:** Die Kinder stehen im Raum verteilt und betrachten ihre Umgebung durch das „Sehrohr". Dann spielt die Spielleitung auf der Blockflöte, auf einem pentatonischen Xylophon oder Metallophon zu den Fortbewegungsarten Gehen und Schreiten. Die Kinder bewegen sich mit ihrem Sehrohr dazu vorsichtig im Raum.

Tipp:

Das Weitergeben nach jedem Spieldurchlauf in eine vorher bestimmte Richtung (gleichbleibende Richtung entweder nach links oder rechts) ermöglicht eine längere Konzentration der Kinder auf das Spielangebot, da sie neugierig auf das neue Rohr sind. Dieses Weiterreichen hat sich auch bei Spielformen im Kreis mit unterschiedlichen Instrumenten bewährt.

Der Dirigent der Stäbe

Material • Für jedes Kind 1 Stab oder Boomwhacker
Die Idee • Einfach, aber genial und selbstverständlich auch mit anderen Materialien oder Instrumenten umsetzbar.

Spielimpulse:

- Die Kinder stehen mit großem Abstand zueinander im Halbkreis. Jedes Kind hat einen Stab in der Hand. Ein Kind tritt als „Dirigent der Stäbe“ mit seinem Stab vor das Orchester. Es führt Bewegungen aus, die die anderen genau nachahmen. Rollenwechsel.
- **Variante:** Der „Dirigent“ klopft mit dem Stab einen Rhythmus auf den Boden. Das „Orchester“ klopft möglichst genau nach.